# Fiche **philosophe**

Par Patrick Olivero

# Thomas d'Aquin

lePetitPhilosophe.fr

# THOMAS D'AQUIN

## THÉOLOGIEN ITALIEN ET DOCTEUR DE L'ÉGLISE

- **Né en 1225 à Roccasecca**
- **Décédé en 1274 à Fossanova**
- **Quelques-unes de ses œuvres :**
  - *Somme contre les gentils* (1258-1264)
  - *Somme théologique* (1266-1273)
  - Nombreux commentaires des Écritures et d'Aristote

Thomas d'Aquin, canonisé en 1323, est considéré par l'Église catholique occidentale comme un de ses principaux penseurs. Il a développé une philosophie réaliste, fortement inspirée par Aristote, et a tenté une **synthèse entre la pensée aristotélicienne et le christianisme**. Ainsi, les aspects profanes et théologiques de son œuvre sont étroitement imbriqués.

Par ailleurs, il s'est beaucoup **engagé dans la société du XIIe siècle** : ainsi, il s'est pleinement dévoué à l'enseignement scolastique, a joué un rôle majeur dans le développement des universités et s'est montré très actif dans les polémiques qui agitaient les milieux universitaires et religieux de l'époque. Il a laissé une **œuvre abondante** dont une partie seulement est accessible en français. Son ouvrage le plus célèbre est la ***Somme théologique***.

# BIOGRAPHIE

## LA FORMATION ET L'ENGAGEMENT RELIGIEUX

Né en **1225** à Roccasecca, dans la région italienne du Latium, près de la **ville d'Aquino**, à laquelle il doit son nom, Thomas d'Aquin est d'abord formé au monastère du Mont-Cassin. Il quitte ensuite le milieu monastique pour intégrer l'**université de Naples** où, vraisemblablement, il prend connaissance des œuvres d'**Aristote** (384-322 av. J.-C.) et d'**Averroès** (1126-1198).

À Naples, contre l'avis de sa mère, il entre dans l'**ordre des dominicains**, également appelé communauté des « Frères prêcheurs ». Cette décision est d'une extrême importance, car elle l'engage à la fois hors du clergé séculier (sa mère aurait souhaité qu'il soit l'abbé de Mont-Cassin) et hors de la quiétude méditative des ordres réguliers. Le fondateur de l'ordre des dominicains, saint Dominique (vers 1170-1221), a mis l'accent sur l'importance de l'enseignement et sur la nécessité pour les membres de l'ordre de posséder et de diffuser une connaissance approfondie de l'Évangile. Or cette acquisition et cette diffusion s'effectuent au sein des universités, dans les **grandes villes d'Europe** : la vie de Thomas d'Aquin est dès lors un perpétuel périple qui le conduira à Paris, à Cologne et dans plusieurs villes d'Italie.

Étudiant à Paris de 1245 à 1248, Thomas d'Aquin y fait une rencontre importante : celle de celui qui deviendra son maitre, **Albert le Grand** (vers 1200-1280), dominicain et

**commentateur d'Aristote** qui a participé à l'introduction en Europe des œuvres grecques et arabes. De 1248 à 1252, il le suit à Cologne, où il achève sa formation en philosophie et en théologie.

De retour à Paris, il obtient en 1256 le titre de « **docteur en Écriture sainte** » qui lui permet de prendre la direction d'une des écoles du Collège des jacobins (autre nom donné aux dominicains en raison de la localisation de leur collège rue Saint-Jacques, à Paris).

## L'ENSEIGNEMENT ET L'ÉCRITURE

La notoriété de Thomas d'Aquin, **enseignant à Paris et dans diverses villes italiennes**, ne cesse dès lors de croitre. Parallèlement à son activité universitaire, il produit **une œuvre considérable** :

- de 1256 à 1259, lorsqu'il débute son enseignement à Paris, il rédige notamment un commentaire sur l'ouvrage *De Trinitate* du philosophe Boèce (480-524). Il débute également la rédaction de la **Somme contre les gentils** ;
- de 1259 à 1268, alors qu'il enseigne la théologie en Italie, il achève la Somme contre les gentils et commence son œuvre majeure, la **Somme théologique**. À la demande du pape, il rédige en outre un commentaire continu des Évangiles ;
- en 1268, il revient à Paris où il restera jusqu'en 1272. Il rédige alors la deuxième partie de la *Somme théologique* et la plupart de ses **commentaires d'Aristote**. Il participe aussi activement, par divers écrits, aux vives querelles

religieuses qui agitent l'université de Paris ;
- en 1272, il est appelé à Naples pour y organiser le *Studium Generale* (centre de formation des dominicains). Il poursuit la rédaction de la troisième partie de la *Somme théologique*, mais l'ouvrage ne sera jamais achevé.

## CONTROVERSES ET RÉHABILITATION

En **1273**, Thomas d'Aquin décide de **cesser d'écrire**, car, dit-il, il a vécu au cours d'une messe une **expérience mystique** qui lui a fait comprendre que ses écrits n'étaient « que de la paille » en comparaison de ce qu'il a compris de Dieu lors de cet évènement. En **1274**, il est convoqué en tant qu'expert au concile de Lyon et **meurt** au cours du voyage, au monastère de Fossanova. Sa dépouille sera transférée en 1369 au couvent des jacobins à Toulouse, où elle se trouve encore aujourd'hui.

Peu de temps après sa mort, Thomas d'Aquin est vivement **critiqué pour son adhésion à certaines thèses d'Aristote**. Il est toutefois rapidement réhabilité et est **canonisé par le pape Jean XXII en 1323**. Dès lors il devient, pour le peuple catholique, saint Thomas d'Aquin.

# CONTEXTE PHILOSOPHIQUE

## L'ÉGLISE CATHOLIQUE DANS LA TOURMENTE

Au début du XIII<sup>e</sup> siècle, l'Église catholique lutte sur plusieurs fronts :

- le **conflit avec l'Islam**. En Orient, la présence chrétienne est fragile : malgré le succès relatif de la sixième croisade menée par Frédéric II (empereur du Saint Empire romain germanique, 1194-1250), le pape Innocent IV (vers 1195-1254) lance un nouvel appel aux croisés, auquel répond le roi de France Louis IX (1214-1270) qui débarque à Chypre en 1248. Par ailleurs, en Andalousie, si la conquête des royaumes musulmans par les souverains chrétiens marque un premier pas, le roi Boabdil, dernier souverain musulman sur la terre espagnole, ne quittera le royaume de Grenade qu'en 1492 ;
- la **lutte contre les hérésies**. La secte vaudoise est déclarée hérétique par le quatrième concile du Latran en 1215, tandis que l'hérésie cathare n'est pas maitrisée. En effet, malgré la prise en 1244 du château de Montségur, ce n'est qu'au cours du XIV<sup>e</sup> siècle que l'Inquisition mettra un terme au catharisme (doctrine d'origine chrétienne prônant l'existence de deux principes premiers, le bien et le mal) ;
- les **vives querelles et controverses internes** à l'Église, en particulier entre les ordres mendiants (essentiellement les franciscains et les dominicains), les clercs séculiers (qui vivent au sein de la société civile) et les clercs réguliers (qui sont astreints à suivre une règle monastique et

vivent cloitrés) ;

- le **conflit entre la papauté et l'empereur Frédéric II** qui conteste ouvertement l'autorité pontificale. L'enjeu est considérable pour l'Église, car il concerne la suprématie du pouvoir spirituel sur le pouvoir temporel. Finalement, le pape Innocent IV annonce en 1244 la déposition de l'empereur au premier concile de Lyon.



## LES RAPPORTS ENTRE THÉOLOGIE ET PHILOSOPHIE

Une question d'une grande importance pour l'Église catholique est posée au XIIIe siècle : celle de l'antagonisme ou de la complémentarité entre la **théologie** et la **philosophie**.

- La théologie, pour les clercs du Moyen Âge, est la discipline qui s'attache à l'étude de la doctrine chrétienne. Les vérités affirmées et analysées par le théologien (le dogme) ne sont ni démontrables ni démontrées : elles relèvent du **domaine de la foi ou de la révélation**.
- La philosophie, à cette époque, désigne essentiellement

la philosophie grecque qui s'apparente à une **réflexion raisonnée** sur le monde et sur l'homme dans le monde.

Si cette question des rapports entre théologie et philosophie est particulièrement débattue à cette époque et fait l'objet de multiples controverses, c'est parce qu'un fait nouveau est apparu : **l'accès facilité aux œuvres d'Aristote** dans leur traduction latine (en particulier sous l'impulsion d'Albert le Grand) ainsi qu'aux œuvres de son principal commentateur, l'Andalou ibn Ruchd, plus connu sous son nom latinisé Averroès.

Les rapports entre philosophie et théologie font l'objet de **la scolastique**, doctrine enseignée dans les écoles et les universités européennes au Moyen Âge. La scolastique se préoccupe surtout d'essayer de concilier la foi et la raison, en s'appuyant sur la philosophie grecque, essentiellement Aristote.

En accord avec son temps, **Thomas d'Aquin**, grand admirateur d'Aristote, tente, tout en conservant au christianisme sa spécificité, une **synthèse entre la philosophie aristotélicienne et le christianisme**. En effet, il refuse de séparer ces deux types de connaissance que sont la raison et la foi, même s'il tient en même temps à l'autonomie de la première contre l'autorité abusive de l'Église. Mais peut-on pour autant dire que Thomas d'Aquin était un philosophe ou doit-on voir en lui un théologien ? La question formulée de cette manière a peu de sens dans le contexte de l'époque, car la philosophie n'a pas encore acquis un statut autonome et elle n'est pas un but mais un moyen.

# PENSÉE ET APPORT

## LA REFONDATION DE LA THÉOLOGIE

Dans quelle mesure la théologie peut-elle (ou doit-elle) s'appuyer sur la philosophie ? Il s'agit de la question primordiale qui anime l'Église catholique au début du XIIIe siècle. On se demande alors si l'affirmation de saint Augustin (354-430), « Crois et tu comprendras ; la foi précède, l'intelligence suit » (*Sermons*, 118, 1), est la voie unique pour accéder à des vérités qui relèvent de la sphère mystique. À l'époque, **la philosophie** est en effet largement considérée comme devant être **la servante de la théologie**, comme le remarque Thomas d'Aquin (<u>citation 1</u>).

Celui-ci construit une théologie que l'on peut qualifier de **théologie naturelle** en ce sens que, si elle s'appuie sur le caractère transcendantal du divin (c'est-à-dire sur le fait que Dieu est au-dessus de la nature et non accessible à l'homme par la simple connaissance du monde), elle revendique également :

- d'une part, la nécessité d'une approche cognitive raisonnée de la religion et tout particulièrement de son enseignement ;
- d'autre part, la possibilité de voir dans la nature et dans ses diverses représentations accessibles aux sens, des signes qui, parce qu'ils sont le produit de la Création (au sens biblique du terme), témoignent d'un ordre du monde voulu par son créateur.

Notons par ailleurs que Thomas d'Aquin est le représentant majeur du **réalisme philosophique** au Moyen Âge, comme l'a été Aristote dans l'Antiquité. Ainsi, il s'oppose à l'idéalisme et à Platon (427-347 av. J.-C.) qui n'admet de réalité que pour les Idées, entités immuables et universelles.



## L'ONTOLOGIE THOMISTE

### L'être en acte, objet primitif de la pensée

L'ontologie est la partie de la philosophie qui étudie l'être, et Thomas d'Aquin emprunte à Aristote la définition suivante : « **On appelle être ce qui possède l'existence.** » (*Commentaire de la* Métaphysique *d'Aristote*, livre 12, lectione 1, paragraphe 2419)

Il distingue également :

- d'un côté **l'existence en acte**. Supposons que l'on observe un cheval dans un champ. Ce cheval existe : le fait qu'il existe est attesté par la perception qu'on en a, qui nous permet de le connaitre. Comme il existe réellement, on dira que c'est un être en acte. Ainsi, **la perception de l'être en acte va de pair avec la connaissance de cet être** ;

* de l'autre **l'existence en puissance**. Par contre, si on observe un arbre et que l'on imagine que l'on puisse en faire une poutre, cette poutre n'est pas un être en acte, mais un être en puissance : elle n'existe pas encore et n'existera peut-être jamais.

## La matière et la forme

Supposons maintenant que, dans le même champ, on observe à la fois un cheval et un homme qui laboure la terre. Tout ce que nous avons dit du cheval s'applique à cet homme : c'est un être en acte, perceptible et intelligible. Mais pourquoi sommes-nous capables de différencier un homme et un cheval, de ne pas les confondre ?

Tous deux sont constitués par de la matière, en l'occurrence des os, des tissus, etc. Mais **la matière seule n'est pas déterminante** : elle ne permet pas de classer un être dans un genre ou une espèce. Ce qui permet la détermination, c'est **l'association de la matière et de la forme**. La forme est ce qui fait qu'une chose est ce qu'elle est : c'est donc la forme qui nous permet de dire que cette matière est, dans le cas présent, celle d'un cheval ou celle d'un homme. Mais, dit Thomas, la matière ne peut se concevoir sans la forme, ni la forme sans la matière : forme et matière sont indissociables et le couple forme ce que la scolastique appelle « **la subs-**

**tance** » (<u>citation 2</u>).

## L'essence et l'existence

Allons plus loin encore : le laboureur que l'on a aperçu dans le champ n'est pas n'importe quel homme (on pourrait en dire autant du cheval) : c'est un homme qui s'appelle Paul, qui est blond, qui habite au village voisin, etc. Or ce par quoi on connait l'essence, c'est-à-dire la nature, de Paul, ce n'est pas simplement sa substance, son appartenance à un genre (l'animalité) et à une espèce (l'humanité) : c'est aussi **l'ensemble des caractéristiques qui ne sont ni nécessaires ni suffisantes pour justifier l'appartenance à un genre et à une espèce** (le fait qu'il s'appelle Paul, qu'il est blond, qu'il vit dans tel village, etc.). Ces caractéristiques, qui sont réparties au hasard, sont appelées des accidents. Selon Thomas d'Aquin, **l'essence d'un être est sa substance frappée par des accidents** (<u>citation 3</u>).

Notons que si l'existence ne peut se concevoir sans l'essence (car pour être, il faut que ce que l'on est soit déterminable, puisse faire l'objet d'une définition), l'essence n'implique pas nécessairement l'existence : on peut fort bien concevoir l'essence d'une licorne ou d'un dragon, mais de tels animaux ne sont pas des êtres, ni en acte, ni en puissance. Ainsi, **l'être ne peut se comprendre que comme combinaison de l'essence et de l'existence**.

## L'analogie de proportionnalité

Mais **que signifie le fait de dire que quelque chose « existe » ?** Que signifie, en soi, le mot « exister » ? Pourquoi peut-on dire à la fois qu'une pierre existe et qu'un cheval existe ? À l'évidence, le fait d'exister n'est pas définissable par la locomotion, la parole, l'intelligence, etc. Cette question est celle de l'être en tant qu'être, c'est-à-dire la recherche de ce que signifient les mots « être » et « exister », indépendamment de l'essence concernée et malgré l'infinie variété des êtres et de leurs modes d'être.

Sur ce sujet, Thomas d'Aquin développe la théorie de l'analogie de proportionnalité dont le point de départ est le suivant :

- **l'être en tant qu'être n'est pas un concept équivoque**, c'est-à-dire qui pourrait se décliner en autant de modalités qu'il y a de modes d'être. Si c'était le cas, un tel concept serait totalement vide et ce serait même le contraire d'un concept puisqu'on ne pourrait concevoir un principe globalisant ;
- mais l'être en tant qu'être n'est **pas non plus un concept univoque**, car cela signifierait qu'il existe un principe unique et applicable à tous les êtres permettant de caractériser l'être hors de toute détermination. En outre, ce principe unique ne pourrait être que le mode d'être de Dieu (car on ne peut imaginer aucune subordination de Dieu à ses créatures). Or on ne peut pas supposer que le mode d'être d'un minéral ou d'un animal soit une réplique, c'est-à-dire une copie, du mode d'être de Dieu.

Selon le théologien, **l'être en tant qu'être** est un concept qui n'est ni équivoque ni univoque, mais qui s'appréhende comme **un rapport** (au sens mathématique du terme) **entre** :

- **la distance qui sépare l'être considéré des êtres inférieurs** (ceux qui ne sont dotés ni de mobilité, ni de sen-
sibilité, ni de raison comme les minéraux, par exemple)
- **et la distance qui le sépare de l'Être doté de l'infinité
des perfections : Dieu**.

En conséquence, ce par quoi un être est relève à la fois de son
mode d'être propre et du mode d'être de Dieu. Ainsi, **chaque
être est plus ou moins analogue à Dieu**, mais l'analogie est
plus ou moins forte en fonction de la place de l'être dans
la hiérarchie des créatures. C'est à ce titre que les religions
monothéistes ont pu dire que Dieu a créé l'homme à son
image. Il y a un peu de Dieu dans chaque homme, mais il n'y
a rien d'humain en Dieu, hormis l'incarnation dans le Christ
qui constitue la clé de voute du christianisme (citation 4).

## LA THÉORIE DE LA CONNAISSANCE

### L'homme, un animal doué d'intellect

Thomas d'Aquin propose une **hiérarchie des modes de vie**.
Du bas en haut de l'échelle, il place :

- les plantes ;
- les animaux immobiles ;
- les animaux mobiles ;
- les animaux mobiles et doués d'intellect : les hommes.

**L'homme** est situé **au sommet** de la hiérarchie du vivant
parce qu'il est un animal **doué de l'intellect**, c'est-à-dire de
**la faculté de connaitre**, synonyme d'intelligence dans le vocabulaire moderne. Notons qu'en philosophie ce mot n'est

pas synonyme de raison, qui désigne plus spécifiquement la faculté de juger, de prendre des bonnes décisions. Mais **l'intellect est intimement lié aux sens** (la connaissance sensible), qui lui fournissent en quelque sorte la matière première (<u>citation 5</u>). La connaissance nécessite donc à la fois une réceptivité et une activité :

- une réceptivité, car l'intellect est réceptif à l'intelligible (à ce qui peut être compris), ce qui signifie qu'il est en attente de l'information sensible ;
- une activité, car le propre de l'intellect est de transformer un intelligible potentiel (un intelligible en puissance dans le vocabulaire de Thomas d'Aquin) en un intelligible effectivement dévoilé (un intelligible en acte).

## De la perception à l'abstraction

La tâche propre de l'intellect est de **donner aux réalités sensibles (perçues par les sens) une existence plus parfaite** (<u>citation 6</u>). Or si l'intellect permet l'abstraction à partir de la perception, c'est-à-dire le passage du particulier au général (par exemple le passage de l'individu à l'espèce ou au genre), une nouvelle question se pose : **l'essence générale possède-t-elle une existence en dehors de l'intellect ?** Autrement dit, le genre « animalité » ou l'espèce « humanité » existent-ils en dehors des animaux particuliers ? On est à nouveau au cœur de la divergence entre Aristote et Platon :

- pour Platon, les essences des choses existent en dehors de la matière. Il s'agit des Idées ;
- pour Aristote, et pour Thomas d'Aquin, l'intellect saisit

effectivement une réalité qui lui est extérieure, mais qui n'existe que dans le mode de saisie qui est celui de l'intellect et non pas dans la réalité du monde.

## LA MORALE

Le problème moral est soulevé par la raison lorsque sa délibération (la recherche des choix qu'elle doit faire) porte sur la question du devoir : que dois-je faire ?

### La liberté, la délibération, la volonté

Thomas d'Aquin affirme que l'homme est libre, mais cette affirmation n'est ni évidente, ni totalement orthodoxe :

- il semble à priori qu'un être libre peut agir comme il l'entend et comme il le veut, ce qui n'est manifestement pas le cas de l'homme ;
- du point de vue du dogme chrétien, plusieurs pères de l'Église ont souligné l'impuissance de l'homme à agir à sa guise.

Pourtant le philosophe souligne que **l'homme est libre, car il agit par jugement, lequel résulte de la raison**. Parce qu'il est un animal raisonnable, doué de raison, l'homme est un être libre : la pierre ne choisit pas de tomber et la brebis ne choisit pas de fuir le loup (c'est son instinct qui la guide). Par contre, l'acte de l'homme est délibéré : cela signifie qu'il a fait l'objet d'une délibération de la raison, dont la mise en œuvre est effectuée par la volonté.

Cependant, **divers obstacles peuvent limiter l'exercice de**

**cette liberté** :

- en premier lieu, le jugement rationnel peut apprécier la nécessité ou la possibilité de l'acte de plusieurs manières et, placée devant un choix, la délibération de la raison peut conduire à des décisions plus ou moins conformes aux fins, c'est-à-dire aux objectifs, assignées à l'acte ;
- en outre, même si la délibération est conforme aux fins de l'acte, l'homme peut être empêché d'agir délibérément. Il n'est en effet pas maitre des contraintes qu'il subit ;
- de plus, l'homme est soumis à des passions (<u>citation 7</u>) ;
- enfin, les fins que l'homme assigne à son acte peuvent être diverses et dépendent de la conception qu'il a du bien et du bonheur.

## Les vertus et le bien

Thomas d'Aquin donne des vertus une définition qui fait appel au vocabulaire spécialisé de la scolastique : « Le mot vertu désigne une certaine perfection dans une puissance [...] les vertus humaines sont des habitudes. » (Somme théologique, livre 1, section 2, question 55, article 1) Précisons ce vocabulaire :

- la perfection est ce qui est achevé et complet ;
- la puissance est une aptitude au passage à l'acte, c'est ce qui peut être et n'est pas encore ;
- l'habitude est une manière d'agir stable.

Il en résulte que **la vertu est le choix volontaire du passage à l'acte, lequel acte est stabilisé** (il ne nécessite pas une délibération répétitive de la raison). Cette définition ne préjuge rien de la fin assignée à l'acte. C'est pourquoi Thomas d'Aquin souligne que la perfection ne peut se comprendre qu'en direction d'un acte dont la fin est un bien, puisque tout mal est une déficience (un défaut, donc un manque) et ne peut être compatible avec la perfection : **la vertu humaine est une habitude productrice de bien**.

Qu'est-ce que le bien ? Dans la morale thomiste, **le bien est ce qui est conforme à la raison**. Ainsi, la norme du bien chez Thomas d'Aquin est naturelle : elle est conforme à la nature de l'homme qui est un animal raisonnable (citation 8).

Pour terminer, précisons que Thomas d'Aquin distingue **trois sortes de vertus** :

- **les vertus intellectuelles**, qui sont des perfections dans le savoir. Socrate (470-399 av. J.-C.) estimait que toutes les vertus sont intellectuelles, c'est-à-dire que celui qui possède la science ne peut pas pécher et qu'on ne pèche que par ignorance ;
- **les vertus morales**. Le raisonnement de Socrate suppose un asservissement total de la volonté à la raison. Or Thomas d'Aquin, qui rejoint sur ce point Aristote et Augustin, souligne que si la raison commande à la volonté, la volonté peut lui résister. La vertu morale est donc, en quelque sorte, la docilité volontaire guidée par la conformité à la raison ;
- **les vertus théologales**, dont la finalité est l'approche de Dieu. Elles ne sont pas intellectuelles, car la connaissance parfaite de Dieu n'est pas à la portée de la science ; elles ne sont pas des vertus morales, car leur complétude ne relève ni de la raison ni de la volonté, mais nécessitent

d'autres principes infusés par Dieu : la foi, l'espérance et la charité (qui désigne l'amour de l'homme pour Dieu et de Dieu pour l'homme).

## Le bonheur

Dans la troisième partie de la *Somme contre les gentils*, Thomas d'Aquin détaille longuement, pour les invalider, les stéréotypes concernant le bonheur : les plaisirs, les honneurs, la gloire, les richesses, etc., et même l'exercice des vertus morales.

L'homme, dit le théologien, ne peut trouver **le bonheur que dans la contemplation de la vérité**, car c'est le seul bonheur qui est recherché pour lui-même et non en vue d'une autre fin (citation 9).

## LES LOIS

## La source des lois

La source unique de toutes les lois, explique Thomas d'Aquin, est celle qui régit l'ordre de l'univers : les hommes, les animaux et les choses. Ainsi, toutes les lois de la nature, de la morale ou de la société sont des cas particuliers d'**une seule et même loi qui est la loi divine**. Il s'agit là d'une loi éternelle qui se traduit par le fait que tout être créé agit en fonction de règles (consciemment ou inconsciemment) et en vue de certaines fins (citation 10).

## La loi naturelle

La loi naturelle est constituée par l'ensemble des règles

auxquelles tous les êtres se soumettent naturellement, c'est-à-dire celles qui s'imposent à eux non pas en raison de l'agencement général de l'univers, ni pour les besoins de la vie en société (les lois humaines), mais parce que leur nature l'impose. Toutefois, dans la théologie thomiste, la loi naturelle n'est **pas indépendante de la loi éternelle** : elle décline en quelque sorte la loi éternelle.

Thomas d'Aquin dégage **trois préceptes** de la loi naturelle qui s'appliquent à l'homme :

- en tant qu'être, il veille à la conservation de son existence ;
- en tant qu'animal, il se reproduit, se nourrit, etc.
- en tant qu'animal raisonnable, il s'astreint à suivre les jugements de la raison qui l'incline vers ce qui est bon (la vie harmonieuse en société, la connaissance, etc.).

**Les lois humaines**

Les lois humaines ont pour but de **remédier à l'écart inéluctable entre les préceptes généraux de la loi naturelle et la réalité des actes particuliers des hommes**. Contrairement à la loi éternelle et à la loi naturelle qui ne peuvent être que justes, les lois humaines sont tributaires du contexte dans lequel elles sont promulguées, des fins du législateur, etc. Elles sont souvent provisoires et modifiables, et certaines peuvent être injustes.

Dans son ontologie, Thomas d'Aquin distingue **l'existence en acte et l'existence en puissance**. La perception de l'être en acte équivaut à connaitre cet être.

Tous les êtres sont déterminés par **l'association de la matière et d'une forme**, que le théologien nomme « substance ». Mais l'essence d'un être comprend aussi l'ensemble des caractéristiques qui ne sont ni nécessaires ni suffisantes pour justifier son appartenance à un genre et à une espèce : les accidents. Ainsi, **l'essence d'un être est sa substance frappée par des accidents**.

Selon le théologien, l'être en tant qu'être est un rapport entre la distance qui le sépare des êtres inférieurs et la distance qui le sépare de Dieu. Ainsi, **chaque être est plus ou moins analogue à Dieu**.

Thomas d'Aquin propose une hiérarchie des modes de vie au sommet de laquelle il place **l'homme**, parce que celui-ci est **doué de l'intellect**. Celui-ci reçoit la matière première des sens et donne aux réalités sensibles une existence plus parfaite.

En matière de morale, le théologien affirme que **l'homme est libre**, car il agit en jugeant selon sa raison. Cependant, divers obstacles, dont les passions, peuvent entraver l'exercice de sa raison.

Quant à la vertu humaine, elle est définie comme une habitude productrice de bien, et **le bien désigne ce qui est**

**conforme à la raison**.

Enfin, **la source unique de toutes les lois est la loi divine**, qui régit l'ordre de l'univers. De celle-ci dépendent la loi naturelle et les lois humaines.

Votre avis nous intéresse !
Laissez un commentaire sur le site de votre librairie en ligne
et partagez vos coups de cœur sur les réseaux sociaux !

# POUR ALLER PLUS LOIN


- CHENU (Marie-Dominique), *Introduction à l'étude de saint Thomas d'Aquin*, Paris, Vrin, 2002.
- CHENU (Marie-Dominique), *Saint Thomas d'Aquin et la Théologie*, Paris, Seuil, 2005.
- D'AQUIN (Thomas), *L'Être et l'Essence*, Paris, Vrin, 1985.
- D'AQUIN (Thomas), *Somme contre les gentils*, Paris, GF-Flammarion, 1999.
- D'AQUIN (Thomas), *Somme théologique*, Paris, Éditions du Cerf, 1984-1985 (4 tomes).
- GILSON (Étienne), *Le Thomisme. Introduction à la philosophie de saint Thomas d'Aquin*, Paris, Vrin, 2000.
- MORFAUX (Louis-Marie) et LEFRANC (Jean), *Vocabulaire de la philosophie et des sciences humaines*, Paris, Armand Colin, 1984.
- PARAIN (Brice), *Histoire de la philosophie. Orient, Antiquité, Moyen Âge*, tome 1, Paris, Gallimard, 1969.

# TESTEZ VOS CONNAISSANCES !

## ASSOCIEZ CHAQUE CITATION À L'EXPLICATION QUI LUI CORRESPOND

**Citation 1 :** « La théologie peut recevoir quelque chose des disciplines philosophiques, non qu'elle en ait nécessairement besoin, mais afin de rendre plus clair ce qu'elle exprime. En effet, elle ne reçoit pas ses principes des autres sciences, mais directement de Dieu par la révélation. Elle ne fait donc pas appel aux autres sciences comme si elle leur était subordonnée, elle les utilise comme si elles étaient à son service. » (*Somme théologique*, Paris, Éditions du Cerf, 1984-1985 tome 1, question 1, article 5, objection 2)

**Citation 2 :** « [...] L'être de la substance composée n'est pas celui de la forme seule, ni celui de la matière seule, mais celui du composé lui-même. C'est pourquoi il faut que l'essence par laquelle la chose est dénommée être ne soit ni la forme seule, ni la matière seule, mais l'une et l'autre [...]. » (*L'Être et l'Essence*, Paris, Vrin, 1985, chapitre 2, p. 22)

**Citation 3 :** « Et parce que chaque chose est individuée par la matière, et classée dans un genre ou une espèce d'après sa forme, les accidents qui proviennent de la matière sont propres à chaque individu ; et c'est en fonction de ces accidents que les individus d'une même espèce diffèrent entre eux. » (*Ibid.*, chapitre 7, p. 76)

**Citation 4 :** « La ressemblance entre la créature et Dieu ne tient pas à une communauté de forme selon l'espèce et le genre, mais uniquement à une relation analogique [...]. Si donc on peut admettre, en un sens, que la créature ressemble à Dieu, on ne saurait admettre que Dieu ressemble à la créature. [...] On dit d'un portrait qu'il est ressemblant, mais on ne dit pas qu'un homme ressemble à son portrait. » (*Somme théologique*, Paris, Éditions du Cerf, 1984-1985, tome 1, question 4, article 3)

**Citation 5 :** « Il est impossible à notre intellect, dans l'état présent de la vie où elle [l'âme] est unie à un corps corruptible, de connaître quelque chose sans recourir à des images. » (*Somme théologique*, Paris, Éditions du Cerf, 1984-1985, tome 1, question 84, article 7, objection 3)

**Citation 6 :** « Les formes des réalités sensibles ont une existence plus parfaite dans l'intellect que dans les réalités sensibles : elles sont alors plus simples et ont plus d'extension ; ainsi, par la seule forme intelligible de l'homme, l'intellect connaît tous les hommes. » (*Somme contre les gentils*, Paris, GF-Flammarion, 1999, tome 2, chapitre 50)

**Citation 7 :** « L'appétit sensible, tout en obéissant à la raison, peut cependant lui résister par la concupiscence, qui est opposée au commandement de la raison. » (*Somme théologique*, Paris, Éditions du Cerf, 1984-1985, tome 1, question 83, article 1)

**Citation 8 :** « Les actes dits humains, ou moraux, sont ceux qui obéissent à la raison. » (*Somme théologique*, Paris, Éditions du Cerf, 1984-1985, tome 1, question 18, article 5).

**Citation 9 :** « Seule cette activité [la contemplation de la vérité] est propre à l'homme, aucun animal n'en est capable ; et elle n'est pas subordonnée à une autre fin : la contemplation de la vérité est recherchée pour elle-même. » (*Somme contre les gentils*, Paris, GF-Flammarion, 1999, tome 3, chapitre 37)

**Citation 10 :** « [...] Parce que l'homme est ordonné à la fin de la béatitude éternelle qui dépasse les ressources naturelles des facultés humaines, [il est] nécessaire qu'au-dessus de la loi naturelle et de la loi humaine il y eût une loi donnée par Dieu pour diriger l'homme vers sa fin. » (*Somme théologique*, Paris, Éditions du Cerf, 1984-1985, tome 2, section 1, question 91, article 4)

**Explication a :** dans l'intellect, les réalités sensibles ont une existence plus parfaite.

**Explication b :** l'intellect est intimement lié aux sens, qui lui fournissent en quelque sorte la matière première.

**Explication c :** la philosophie est la servante de la théologie : elle a pour seul but de la rendre plus claire.

**Explication d :** le bien est ce qui est conforme à la raison.

**Explication e :** plusieurs obstacles peuvent limiter l'exercice de la raison, notamment les passions sensibles.

**Explication f :** le propre de l'homme réside dans la contemplation de la vérité, qui fait l'objet d'une recherche pour elle-même.

**Explication g :** puisque la fin de l'homme est la béatitude éternelle, il lui faut un principe directeur supérieur aux lois naturelles et humaines, autrement dit, il faut qu'il existe une loi divine pour l'orienter vers sa fin.

**Explication h :** la ressemblance entre Dieu et les êtres créés est de l'ordre de l'analogie.

**Explication i :** les accidents de la matière sont des particularités propres à chaque individu d'une espèce.

**Explication j :** l'essence d'une chose est un composé de forme et de matière.

# Rendez-vous sur lepetitphilosophe.fr et découvrez :

Plus de 1200 analyses
Claires et synthétiques
Téléchargeables en 30 secondes
À imprimer chez soi

ISBN version numérique : 978-2-8062-4973-9
ISBN version papier : 978-2-8080-0109-0
Dépôt légal : D/2017/12603/493

Conception numérique : Primento,
le partenaire numérique des éditeurs.